TAN SOLO UNA VIDA
PARA VIVIRLA

LILLY CAIRE

TAN SOLO UNA VIDA
PARA VIVIRLA

NO HABRÁ NADA QUE TE PUEDA DETENER
SI TE ATREVES A CREER

Nombre del libro: Tan solo una vida para vivirla
Autor: Lydia Caire Mendoza
Diseño de portada: Ricardo Pérez/Comunicación Global Design.
Edición: Alejandra Díaz Millán/Diana A. Pérez/Comunicación Global Design
Coedición gráfica: Aziyadé Uriarte/Comunicación Global Design.

© Del texto, 2024, (Lydia Caire Mendoza)
Primera edición: junio 2024

Reg: 03-2024-083023080100-01
ISBN: 9798334956506

www.comunicaciongd.com

www.autopublicatulibro.com

DEDICATORIA

Quiero dedicar este libro a todas aquellas personas que hoy se encuentran luchando por su vida, y donde las fuerzas parecen agotarse, porque ya no se tienen más para seguir adelante, pero que tomados de la mano de Dios y creyendo en lo que Él es capaz de hacer por nosotros, lograremos ir al otro lado donde hay esperanza.

La vida es un regalo de Dios que vale la pena cuidar cada día.

También está dedicado para aquellos que partieron antes de tiempo, pero que me enseñaron a valorar que solo se tiene *Tan solo una vida para vivirla*.

AGRADECIMIENTOS

Quiero agradecer, con todo mi corazón, a mi Dios, quien me animó, me inspiró y me impulsó para hacer este libro.

Me tardé un poco, Señor, pero aquí está.

Gracias por ayudarme, abriendo cada puerta en su tiempo, para poder lograr paso a paso la realización de estas líneas.

Mi corazón está profundamente agradecido, gracias por todo lo que me has enseñado, porque mientras escribía, tú me fuiste sanando y restaurando, hasta hacerme más fuerte y más segura de mí misma.

- Muchas gracias

CONTENIDO

INTRODUCCIÓN..10

CAPÍTULO 1
UN PROCESO DIFÍCIL..11

CAPÍTULO 2
EL DUELO...19

CAPÍTULO 3
DE LO PROFUNDO DEL CORAZÓN...........................25

CAPÍTULO 4
LA BRÚJULA...31

CAPÍTULO 5
HACIA UNA NUEVA OPORTUNIDAD......................43

CAPÍTULO 6
CAMINO A LA LIBERTAD..57

CAPÍTULO 7
UNA AVENTURA LLAMADA FE..................................69

CAPÍTULO 8
¡DEPENDE DE MÍ!..79

INTRODUCCIÓN

Escribir este libro es una de las experiencias más maravillosas que ha sucedido en mi vida, redactar, expresar no solo ayuda a sanar nuestras emociones, sino también a enfrentarlas.

Estoy segura de que este texto te ayudará, de una manera sencilla, a enfrentar los procesos difíciles, como la pérdida de un ser querido, así como atravesar por alguna enfermedad, o también cuando vemos a un ser querido pasar por ella.

Además de experimentar vivir con miedo, culpa, desesperación, impotencia y hasta la pérdida de identidad, serás guiado a lo largo de estas páginas a descubrir que hay un camino de esperanza y que, acompañada de fe, puede dar vida donde se ha hablado de muerte.

También, querido lector, podrá ayudar a otros a ser sensibles para apoyar a quienes están atravesando por una enfermedad donde las fuerzas se acaban y no se tiene más aliento para seguir luchando.

He escuchado testimonios de varias personas que cuando estaban pasando por un proceso de enfermedad, y no se sintieron solas, salieron más rápido de su condición, pero también he visto a otras personas, que, sintiéndose con un diagnóstico incurable, decidieron encerrarse y finalmente morir.

Así que déjame ayudarte a salir adelante, en donde quizás, ya no tienes fuerza para seguir luchando.

Porque solo hay una vida para vivirla.

No habrá nada que te pueda detener si te atreves a creer.
-Lilly Caire

CAPÍTULO 1

UN PROCESO DIFÍCIL

Un proceso difícil

Clama a mí, y yo te responderé, y te enseñaré cosas grandes y ocultas que tú no conoces.

-Jeremías 33:3

Quiero compartir con ustedes desde lo profundo de mi corazón, lo que sucedió en mi vida, la impactó de tal forma que transformó no solo mi manera de pensar, de actuar, también, mi manera de hablar.

Escribo este libro en memoria de mi hermana menor, Verito, como cariñosamente le llamábamos. Lo que le sucedió fue tan rápido que reconozco que la situación me rebasó por no saber cómo ayudarla, o el egoísmo, si soy sincera, por no estar con ella. Ahora entiendo que necesitaba tiempo para animarla, sostenerla en el proceso por el cual pasaba.

Me sentí por mucho tiempo culpable de no haber estado ahí, junto a ella en la lucha día a día.

Hoy comprendo que cuando una persona está en una situación como la que ella vivió, las fuerzas se agotan al igual que la esperanza.

Cuando escuché la noticia de que mi hermana había sido diagnosticada con cáncer de colon, y que yo no me había enterado al mismo tiempo que los demás porque ella no quería preocuparme, ya que me encontraba a muchos kilómetros de distancia. No podía entender lo que estaba sucediendo o no lo quería entender.

Mi pequeña Verito había decidido guardar en su corazón lo que estaba sucediendo y solo lo había compartido con algunas personas.

Cuando deciden informarme de la situación, pude visitarla en el hospital en condiciones muy avanzadas con respecto al cáncer que padecía. Estuve con ella varios días hablándole, ministrándole, amándola; en ese momento tuve tiempo para hablar de muchas cosas, estaba junto con ella día y noche. Entre muchos temas que hablamos, uno de ellos fue la importancia del perdón. Ella había guardado muchas cosas en su corazón con respecto a la partida de mi papá, diez años atrás. Cuando salió del hospital, regresó a casa y yo tuve que tomar un avión y regresar a la mía. Lo que me dijo cuando me despedí fue —No te tardes en regresar.

Solo pasaron un par de meses, cuando me avisaron que mi hermana ya no estaba reaccionando al tratamiento, mi mamá me habló con lágrimas y desconsolada, me pidió que me fuera para estar con ellos.

Un amigo nuestro nos visitaba y sin pensarlo se ofreció a ayudar, a quedarse con mi esposo para apoyarle en todo lo que él necesitara, el tiempo que fuera necesario mientras que yo estaba fuera.

No lo pensé más, tenía que irme, en mi mente venia la misma sensación que cuando mi papá partió con el Señor, esa angustia de no verlos nuevamente, eso también me recordaba que estar lejos de la familia tiene su sacrificio.

Mi hijo y mi esposo me llevaron al aeropuerto, tratando de animarme, y también por momentos callaban, sin saber qué más decir.

Tomar un avión y tratar de llegar lo más pronto posible para reunirme con mi familia, y ver a mi hermana con la esperanza de alcanzarla con vida para abrazarla, me parecían una eternidad, en ese momento mis pensamientos llegaban como dardos que despertaban sentimientos y emociones que parecían incontrolables.

Mientras estábamos en camino hacia el aeropuerto, el cual queda a unos 50 minutos de donde vivimos, mis pensamientos y sentimientos iban de un lado a otro.

Mis sentimientos se encontraban ambivalentes, mi esposo un par de semanas antes, había sufrido una caída de unos 2 metros de altura, estaba enyesado y, según lo que dijeron los médicos, de acuerdo con la altura y el golpe, lo menos que le pudo haber pasado era tener su calcañar derecho comprimido, su vida era un milagro.

De pronto, mientras estábamos llegando al aeropuerto, sonó el teléfono de mi esposo, mi corazón se estremeció, quería escuchar una buena noticia, quería oír que mi hermana estaba reaccionando, quería alcanzarla con vida.

Cuando él volteó a verme moviendo su cabeza, me lo dijo todo, justo lo que yo no quería escuchar...

Mi hermana había partido.

Yo me enteré de lo que estaba sucediendo en marzo y para agosto mi querida Verito estaba partiendo a la presencia de nuestro Señor, todo fue tan rápido, no podía creerlo, y tampoco me imaginaba que algo así nos pudiera pasar. Después de algunos días de estar fuera de casa, ¡regresé con muchos pensamientos! Volví a mi realidad, y aunque no era lo que yo estaba deseando, supe que tenía que enfrentarme a realidades que generaban sentimientos y emociones que les iré describiendo.

¡Sí! Porque esto que ocurrió con mi hermana no terminó ahí, aquellos pensamientos y emociones que descubrí ahora los tenía que enfrentar.

No me juzgues tan duramente, lector, yo me encargué de hacerlo, eso me mantuvo atada por algún tiempo de mi vida hasta que decidí que tenía que soltar la culpa, la falta de perdón a mí misma, porque finalmente no era responsable de lo que había sucedido. Pero esto me llevó tiempo, no te recomiendo que dejes pasar tanto sin ponerte a cuentas contigo mismo.

Quizás tú has pasado por una situación similar o no. Probablemente hoy estás viviendo con un pasado que te alcanza y te mantiene atado. No importa en dónde estés actualmente, sigamos adelante, estoy segura de que el enfrentarte con tu pasado te ayudará a vivir el presente de una manera distinta, y encontrarás que hay esperanza en el futuro.

Después de la ausencia de mi hermana, de pasar por el proceso de duelo, y de hacer un recuento de lo que sucedió, tener la valentía de reconocer lo que pude haber hecho y no hice por desconocimiento, por miedo, por egoísmo, por no querer enfrentar lo que estaba sucediendo, llegó el día, porque siempre llega el día, empecé a confrontarme, lo cual fue doloroso y difícil.

Enfrentarnos con nosotros mismos y reconocer nuestros errores, definitivamente cuesta.

Y es aquí donde verdaderamente se inicia el proceso, va a necesitar de tu decisión, de tu valentía, pero sobre todo de la ayuda, amor, y comprensión que descubrirás a lo largo de este libro; y seguramente encontrarás, que quien puede darte todo eso definitivamente es Dios.

Mientras estoy escribiendo, me doy cuenta de que se abrió la caja en donde había guardado todo, ¿todo? Sí, cualquier tipo de recuerdos: bellos, buenos, dolorosos, negativos, etc. Creo que realmente lo que ocurrió con mi hermana solo destapó lo que había en mí ahí.

Quizás ahora mismo sientes que estás perdiendo todo o que ya lo has perdido, que no hay esperanza. Todos, alguna vez hemos enfrentado pérdidas, por un ser querido, una enfermedad o una separación. Este es un proceso llamado duelo. Muchas personas viven duelos durante toda su vida, otras por años. ¡Sí, así es! ¿Cuántas cosas has perdido? Seguramente muchas y no sabes cómo recuperar, aunque sea una. Déjame decirte algo muy importante, los pensamientos, sentimientos y las emociones que se producen en nuestro caminar por la vida, ante diferentes situaciones que vivimos y que son mal gestionadas, van destruyendo nuestro día a día poco a poco.

Se requiere valentía para enfrentarnos a nosotros mismos, a nuestros miedos. Se necesita honestidad para perdonarnos y perdonar a otros, aquí es donde inicia la verdadera sanidad emocional y después física.

Mi querido lector, me gustaría llevarte de este proceso que estás viviendo de enfermedad, desaliento, tristeza, hacia un camino donde podrás encontrar libertad, luz y alejarte de esa oscuridad.

Sé que sentirte solo en el proceso produce tristeza, y esta va acabando con nuestras fuerzas, que cada vez son menos para seguir adelante. ¡Pero hay esperanza, créeme, de eso puedes estar seguro! Yo lo experimenté con Dios. Él me ayudó y me dio fuerza para seguir, me enseñó que podía confiar en Él, confié y me libró de todos mis temores. Podemos clamar a él, buscarle y nos responderá; si exponemos nuestro corazón delante de él, responderá.

Clama a mí, y yo te responderé, y te enseñaré cosas grandes y ocultas que tú no conoces.
- Jeremías 33:3

¡Déjame ayudar a recobrarte, hay esperanza!
- Lilly Caire

CAPÍTULO 2

EL DUELO

El duelo

El primer paso para resolver un problema es reconocer que existe.

-Zig Ziglar

¿Qué es un duelo?

El duelo es la reacción ante una pérdida que puede ser la muerte de un ser querido, pero también la pérdida de algo físico o simbólico, cuya elaboración no depende del paso del tiempo sino del trabajo que se realice.

Claramente cambia el curso normal de la vida de una persona, pero es un proceso normal.

El trabajo del duelo

Las etapas de duelo son por lo menos cinco: negación, ira, negociación, depresión y aceptación.

No hablaré a profundidad sobre ellas, puesto que no se trata de una clase de psicología, pero sí te ayudaré a conocerlas con el propósito de que puedas identificar por cuál estás pasando, o en dónde te has quedado enganchado.

Cuando pensamos en el duelo y cómo salir, muchos no queremos hacerlo, lo primero que no deseamos es entrar a un proceso así porque, honestamente, experimentamos miedo a olvidarnos de nuestros seres queridos o enfrentar dolor en el proceso.

Con frecuencia observo a mucha gente decir lo siguiente y esto se refiere a pasar por la primera parte que se vive cuando hay un duelo:

Negación

¿Por qué yo? ¿Cómo puede sucederme esto a mí? ¿Qué hice yo para merecer esto? ¿Cómo pasó?

No, esto no me puede estar pasando a mí.

Le preguntas a Dios: ¿qué fue lo que sucedió?

También le culpas: ¿por qué lo permitiste, o por qué lo hiciste?

Ira

Nos enojamos con nosotros mismos, nos empezamos a culpar, surge el por qué dejamos que pasara esto.

Culpamos a los demás por lo que nos pasa, porque pensamos que ellos son la causa de nuestros males y de la enfermedad que padecemos.

Culpamos a Dios, creyendo que él está permitiendo que esto suceda, y tal vez tú lo responsabilizas en estos momentos...

Negociación

Hacemos un recuento de daños, de dónde surgió, cómo sucedió. Si has tenido que visitar médicos, cuánto has gastado, posiblemente ya agotaste todo lo que tenías, y te ha ido peor, el desgaste con la familia, las relaciones fracturadas. Empiezas a hacer acuerdos contigo mismo, pequeños o grandes cambios; te perdonas, o pides perdón; prometes qué harás si sanas, si recuperas tu vida.

Depresión

El diagnóstico que te dan seguramente impacta tu vida, pero ¿qué hacer con ello? Parece que todo se detiene por un momento, no avanzamos, no tiene sentido seguir adelante, imaginas que no hay solución; te sientes muy solo, ves a tu alrededor, tu familia, amigos, que siguen su camino, se divierten, algunos gozan con emoción, y entonces te sientes todavía más solo, sin esperanza.

Te sientes muchas veces tan solo, que empiezas a morir por dentro, hay una profunda tristeza y nos sabes qué hacer con eso. Te encierras, le das prioridad a tus pensamientos, dejas que hagan raíz en tu mente, y el síntoma se vuelve más y más grande cada día.

Aceptación

Empiezas a creer lo mal que te encuentras, poco a poco hablas y entonces comienzas a sentirlo. Tendrás que vivir así todos los días de tu vida, te conformas, y entonces decides aceptarlo. Vives con ello, como una realidad, como la verdad, haces cambios, arreglos con tus seres queridos. Tienes un diagnóstico, ya no hay más, decides vivir, o, mejor dicho, sobrevivir hasta que llegue el fin.

Pero eso es solo el hecho, no es la verdad. ¡No es la última palabra! Dios puede cambiar todo, si tú eres capaz de creerle a él, y lo que puede hacer en tu camino.

Entonces podrás seguir adelante y completar tu carrera en esta vida.

CAPÍTULO 3

DE LO PROFUNDO DEL CORAZÓN

De lo profundo del corazón

A Dios clamé y él me escuchó desde lo profundo de mi corazón, me tomó de su mano, me consoló, me sanó, y me transformó.

-Lilly Caire

e gustaría compartir contigo desde lo profundo de mi corazón, que no solo es una enfermedad la que te hace vivir un duelo. También es la pérdida de un ser querido.

Yo lo he vivido con diferentes personas, y creo que esto lo tenía guardado, hasta el punto de no mencionarlo al estar escribiendo el libro.

Fue un amigo, pastor y además psicólogo, quien me aconsejó escribir sobre lo que había marcado mi vida, durante mucho tiempo y sin darme cuenta, me estaba destruyendo emocionalmente; algo que cargué y guardé por muchos años.

Me estaba sintiendo un poco mal de salud, experimentaba varios síntomas en mi cuerpo, acudí a hacerme unos exámenes por orden de mi ginecólogo, él pensaba, según lo que yo le había descrito en una llamada telefónica, que era un cuadro de colitis. En aquel momento él vivía a unas dos horas de mi ciudad.

Pero cuando el químico de laboratorio vio mi rostro, me hizo una serie de exámenes que lo llevaban a pensar que estaba sucediendo algo más que una simple colitis aguda.

Recuerdo que había ido sola al laboratorio a recoger los resultados esa misma tarde, lo que el laboratorista me dijo fue que le hablara a mi médico lo más rápido posible para que me revisara. Lo llamé, en cuanto le comuniqué lo que el químico me expresó, me pidió que fuera al hospital y ahí él me esperaría.

Cuando llegué al hospital inició el proceso, ultrasonidos, uno y otro para corroborar la sospecha que mi médico (y además cuñado) tenía, estaba embarazada. Lo único que me dijo en ese momento es que se veía que había un bebé, pero que lamentablemente tenía que hacer un legrado. Esto ya sonaba muy fuerte para mí.

Lo conocía y por el tono de su voz sonaba como que había algo más, así que me dijo que según viera, me haría un legrado o tal vez tendría que operar. Y así fue, primero un legrado y después entré nuevamente a quirófano para una cirugía. Uno de mis bebés se había quedado atrapado en las trompas de Falopio y el otro ya no tenía vida. (Un embarazo heterotópico). No había nada que hacer, no podía correr riesgo mi vida, y yo no estaba consiente para decidir nada.

Así que mis dos hijos fueron al cielo, a la presencia de Dios. Eran niño y niña: Alef y Lilibeth. Cuando iba reaccionando de la anestesia, entró mi papá y mi hermana Vero a verme, me dieron la noticia. Sabes, en ese momento mi cuerpo entró en *shock*, recuerdo que le llamaron a mi médico, y dio instrucciones de poner un medicamento intravenoso porque mi presión arterial disminuía. No era para menos. La noticia era desgarradora para mí. No entendía lo que estaba ocurriendo. Sé que no soy la única, tal vez alguna o alguno de ustedes, ha vivido la pérdida de un hijo de alguna u otra forma. Probablemente tú has pasado por algo así.

Sin darnos cuenta vamos cargando con muchas cosas en nuestras vidas que no queremos soltar, tan solo hablar de esto a mí me hacía caer en una profunda melancolía, en la que vivía atada, sí, atada a los recuerdos. Porque la melancolía nos lleva ahí, a traer recuerdos, y a revivir el pasado, lo que pudo haber sido y no fue. Reconozco que la melancolía me llevaba una y otra vez a vivir un duelo del que no podía salir y del cual no me daba cuenta o no me quería dar cuenta.

En una ocasión, sentados a la mesa mi familia y yo con nuestros amigos Daniel (psicólogo) y Alicia, los cuales consideramos familia, estábamos hablando de algún tema que ya no recuerdo exactamente, pero lo que sí recuerdo es que cuando salió el tema de mis "cuates" lloré, lloré y lloré...

Unas palabras en esa mesa fueron pronunciadas:

—Tú sigues atrapada en la pérdida, tienes que trabajar con eso.

Ahí me enfrenté con lo que yo no podía o, más bien, no quería ver, seguía viviendo en un duelo. Después de varios años, quizás unos 5 o más, yo seguía atrapada ahí.

La verdad, ahora puedo verlo, no quería enfrentarlo, tampoco soltarlo, esa es la realidad, no quería soltar porque me significaba olvidar, y cómo olvidar si yo me había declarado culpable por la situación. Estaba atrapada en la culpa, sí, me culpaba, me escondía atrás de un muro, uno de dolor, de falta de perdón, de melancolía.

Nunca imaginé que este fuera un dolor que se metiera hasta lo más profundo de mi ser. Ese era uno de mis deseos de vida. Recuerdo que desde niña tenía un anhelo en mi corazón: cuando llegue el momento de ser madre, me gustaría tener "cuates".

Esto que te cuento, es algo que estaba omitiendo, pero sé que era necesario escribirlo porque marcó una etapa de mi vida. Pero le permití a Dios que me ayudara y él trajo nuevas fuerzas a mi camino. Porque Dios no hará nada que no le permitas. Muchas veces recurrimos a todo y a todos menos a él, pero cuando tú le das oportunidad él te ayudará.

Estoy segura de que Dios veía mi corazón, yo pensaba que nadie podía entenderme, porque en realidad no sentía consuelo al respecto de esta situación.

¿Cuántas veces no te has sentido solo? Te da miedo enfrentar lo que sientes, y con ello te encierras, de tal manera que aprendes a vivir con ello. Pero eso no te hace feliz, porque hay algo que te detiene para serlo.

No podía perdonarme por la pérdida, así lo veía, pero cuando decidí enfrentarlo, pude ser libre de la culpa, del dolor. Me perdoné. Entendí, también, que los hijos son un especial tesoro, y que le pertenecen a Dios. Nunca pasó por mi mente que Él me los había quitado. Sé que no fue así, y nunca me atrevería a culparlo por lo que sucedió. Ahora sé que ellos están en su presencia, yo lo creo, ahí están, en un lugar seguro, donde no hay tristeza, donde no hay dolor.

Si esto te ayudó a ti, mi querido lector, a reconocer que estás atrapado en el duelo, en la culpa, en el dolor, en la falta de perdón, entonces el paso que sigue es enfrentarlo para poder vivir el proceso que te servirá para encontrar tu libertad.

Un duelo es un proceso y no dura toda la vida. Si perdiste la brújula en el camino, y de pronto te encuentras en un túnel sin final, te animo a seguir adelante, seguramente encontrarás una luz de esperanza al final del túnel.

CAPÍTULO 4

LA BRÚJULA

La brújula

No se trata de si te derriban; se trata de si te levantas.
-Vince Lombardi

En el capítulo anterior mencioné el duelo y sus etapas. Ya dejamos en claro que un duelo es una pérdida, y cuando nos encontramos en una situación de enfermedad, tenemos un sentimiento de dolor, pero también de pérdida.

Cuando estamos pasando por una enfermedad sentimos que perdemos parte de nuestra identidad, la que nos permite saber quiénes somos, hacia dónde vamos; te deja saber cuál es parte del propósito en tu vida, pero cuando viene una enfermedad esta te limita, empiezas a perder parte de ti, te ves diferente, dependiente de otros, y esto te lleva a sentirte atado.

Depende de la gravedad de la enfermedad por la que estás pasando, pero generalmente dejas de hacer las cosas que solías llevar a cabo: estar con tu esposo, con tus hijos, prepararles el desayuno cada mañana, ver a tu familia, reírte con los amigos, salir a trabajar, terminar tu carrera profesional, comprar un auto nuevo, emprender un viaje, hacer un cambio de ciudad, qué sé yo cuántas actividades más, cuántos anhelos, cuántos sueños que parecen desvanecerse.

Ahora déjame contarte cómo fui perdiendo la brújula en mi vida.

A mitad de agosto del 2018, empiezo con algunos problemas de salud. Unos meses antes todo "parecía estar muy bien." Pero mi cuerpo me empezó a gritar que no era así.

Había participado en un acuatlón, estaba haciendo deporte, tenía mucho trabajo, daba conferencias a padres de familia, mujeres y maestros. Me di cuenta de que una manera de desviar nuestra mirada de la realidad y las situaciones por las que pasamos es ocupando nuestra mente en otras cosas, pero esto no nos ayuda a salir del problema, solo lo cubrimos. Mi manera de desviar todo lo que estaba a mi alrededor, y que me causaba mucho dolor, era trabajando. Sí, claro, porque ahí me sentía realizada en todos los aspectos.

Después de pasar un tiempo difícil, con respecto a mi salud, aproximadamente un año y medio, con problemas serios, con mucho dolor en mis piernas, muchas veces sin poder mantenerme de pie, sin tener la fuerza para sostenerme y poder bañarme, hice un alto en mi vida, que en verdad tuvo que ser obligatorio.

En varias ocasiones, había pasado por mi mente que debería de poner más atención en mí, y dejar de hacer ciertas cosas que estaban perjudicando mi cuerpo, pero lo pasé por alto. Y no me juzgues por ello, porque quizás has estado o estás en la misma situación.

Quiero decirte que muchos problemas de tipo emocional me llevaron a un estrés crónico, los cuales habían desencadenado consecuencias muy serias en mi salud.

Mi cuerpo me pedía a gritos un descanso y, claro, tenía ganas de descansar, pero no me daba el tiempo, hasta que las circunstancias me obligaron a hacerlo.

Simplemente no podía seguir adelante, porque ya no tenía fuerzas para continuar.

Estamos tan habituados a vivir en un constante estrés cada día, que no tomamos tiempo para descansar, no tomamos tiempo para reírnos con los amigos, vivimos preocupándonos por todo y, sin darnos cuenta, nuestra vida se va acabando poco a poco o, más bien, somos nosotros quienes vamos acabando con ella.

Nos envolvemos en tantas cosas, el trabajo, los quehaceres diarios, los hijos, las personas, el teléfono que siempre está a nuestro lado, y que nos causa tanto estrés, porque vivimos el día de hoy muy ansiosos cuando suenan los tonos que ponemos para identificar nuestros mensajes o las redes sociales. Seguro te ha pasado esto.

Sometemos a nuestro cuerpo bajo mucha presión, tanto física como emocional, que llega un momento en que grita, todo tiene un límite. Simplemente reclama, porque ya no puede seguir adelante.

No tuve otra opción, y lo digo de esta manera. Aunque muchas veces tenemos la solución frente a nosotros, no hacemos nada para cambiar, por miedo o por no salir de nuestra aparente zona de confort, así que inicié un proceso donde tuve que enfrentarme conmigo misma, cosa que no es fácil.

¿Sabías que una de las cosas más difíciles es enfrentarnos con nosotros mismos? He meditado mucho en esto y pude entender que esto sucede porque nos da miedo vernos descubiertos, en lo que realmente somos y que quizás lo hemos disfrazado poniendo máscaras durante mucho tiempo. Pero avancemos un poco más que de esto hablaremos más adelante.

Empecé a analizar mi vida, y a ver qué me había sucedido, en dónde había perdido la brújula, qué me había llevado a perderme en vivir simplemente por vivir.

Y sí, me di cuenta de que, en primer lugar, había dejado lo más valioso, lo que me da vida cada día para seguir adelante, que me da fuerzas para vencer adversidades, lo que me da esperanza, que me hace sentir segura en un mundo tan inseguro, **me refiero a Dios.**

Los afanes, la ansiedad, la preocupación, el trabajo me habían llevado a alejarme de él. Estaba dispuesta a confiar en mis propias fuerzas.

Puedo afirmarte que lo que me estaba sucediendo no era algo que Dios hubiera permitido para mostrarme algo, por supuesto que no. Yo había posibilitado que las cosas llegaran a donde llegaron, créeme, Dios no nos hizo para soportar cargas pesadas sobre nuestros hombros. Nos dio la libertad de conocer la verdad, para hacernos libres.

Aunque no lo veas así, es muy fácil poner nuestra mirada en otras cosas y quitarla de Dios. Así que volví la mirada de quien no debí de apartarla nunca: **Dios y su palabra.**

Me hacía muchas preguntas: ¿por qué yo? ¿Por qué a mí me está sucediendo esto? ¿Dónde estoy fallando? ¿Qué hice o estoy haciendo para estar así? ¿Te suena familiar lo que te estoy diciendo?

Escuchaba tantas voces a mi alrededor, y no eran precisamente palabras de consuelo, eran más bien palabras que me condenaban a culparme, qué había hecho para estar en esta condición. Créanme, tenía tiempo para hacerme estas preguntas.

Me encontraba imposibilitada para trabajar, y aunque quería seguir laborando, y con mis actividades recreativas, no podía, todas se vieron seriamente afectadas. No tenía más fuerzas para seguir adelante, y tampoco lo podía hacer, aunque quisiera.

Pensamos que nunca va a pasar, que no importa cómo vivamos, con los excesos, con las ocupaciones y preocupaciones de cada día nos olvidamos de nosotros, de nuestros anhelos, simplemente vivimos en automático tratando de suplir nuestras necesidades y las de los que nos rodean.

De trabajar y trabajar...

Hasta que sin darnos cuenta descuidamos lo más valioso, **nuestro cuerpo, nuestra mente, y nuestro espíritu.** Empezamos a experimentar cambios que no esperábamos, sentimos la pérdida. Sí, claro, perdemos nuestra alegría de vivir, perdemos nuestra salud y nuestras fuerzas. Nos volvemos irritables, poco tolerantes, nos sumergimos en profunda melancolía, tristeza, dejamos de ser quien realmente somos.

Poco a poco perdemos a nuestros seres queridos, porque llega un momento en que se aburren, se cansan, entonces nos sentimos muy solos, y esa soledad nos lleva a enfermarnos más.

La *Biblia* nos advierte acerca del espíritu triste, angustiado, destrozado.

El espíritu humano puede soportar un cuerpo enfermo,
pero ¿quién podrá sobrellevar un espíritu destrozado?
-Proverbios 18:14

¿Te identificas con lo que estoy diciendo?

Por una parte, vamos cargando y guardando muchas cosas. Y por otra vas muriendo poco a poco, con todo aquello que has llevado por días, meses, o años.

Tal vez eres de las personas que piensan que pueden seguir haciendo todo sin cuidar su cuerpo. Creo que muchas veces lo sometemos a mucha preocupación, a mucha presión, y aunque aún no hay ningún síntoma físicamente, porque la misma desesperación y adrenalina no te permiten sentir nada por el momento, decides seguir así, confiando en tus propias fuerzas, hasta que el "cuerpo aguante", pero tiene un límite.

Quizás este no es tu caso y tu historia es otra. Probablemente tú has estado viviendo con muchos problemas emocionales, tristeza, enojo, rencor, amargura, resentimiento, decepción, soledad, odio, falta de perdón. Poco a poco estos sentimientos y emociones necesitan una vía de escape, y la encuentran desencadenando alguna enfermedad. ¿Cuál es tu caso? ¿Te identificas con alguno de ellos?

He visto que una de las cosas más difíciles en el ser humano, es enfrentar el problema, sobre todo cuando se pasa por una situación de enfermedad. El miedo a perderlo todo, te hace perder la esperanza que te quita la fuerza para seguir adelante. Es entonces que experimentamos una sensación en donde nos sentimos perdidos, tan confundidos que nos cuesta trabajo enfrentarnos a lo que estamos viviendo.

En ocasiones, la pena de reconocer que nos hemos descuidado, que guardamos emociones, sentimientos y resentimientos, nos lleva hasta la condición en donde nos encontramos. Y es ahí donde entramos en una situación, a lo que yo llamo que hemos perdido **la brújula de nuestra vida.**

Perder la brújula de nuestra vida es extraviar la dirección hacia donde vamos, hacia donde queremos o pensábamos llegar, porque se van desvaneciendo los sueños, los anhelos, la esperanza, la fe.

Quizás, en este proceso, te encuentres en el camino a un buen samaritano, con un corazón de misericordia que decide ayudarte hasta verte salir de tu condición. Pero siendo realista son muy pocos los que quieren detenerse y dejar de hacer lo suyo para ayudar a otros que necesitan salir adelante, esta es una verdad y debemos estar consciente de ello.

Si tú te sientes imposibilitado para seguir adelante, y no sabes qué hacer, si has perdido la brújula, ¡déjame ayudarte a recobrar el rumbo de tu vida! Sé que es posible dar una nueva dirección a nuestras vidas. ¡Lo sé! Porque yo tuve que redirigir la mía.

Nosotros iniciamos el cambio, definimos el rumbo, y esto se da en lo que pensamos, porque lo que pensamos nos define, y define nuestro rumbo. Así que te animo a que transformes tu manera de pensar.

Te cuento cómo inició esta transformación.

Porque cual es su pensamiento en su corazón, tal es él.
-Proverbios 23:7

Esta parte de la *Biblia*, en ese precioso libro de proverbios, de pronto impactó mi manera de pensar, entendí que yo soy el reflejo de lo que pienso de mí. Somos lo que pensamos. Y lo que fui descubriendo, empezó a hacer que me cuestionara cuáles son los pensamientos que vienen cuando estamos pasando por una enfermedad. Los pensamientos no son gratos, vienen acompañados de miedo, angustia, desesperación, enojo, tristeza, muerte.

Sabías que mientras estamos vivos "al día nuestro cerebro procesa cerca de 60.000 pensamientos, de los que el 95% son involuntarios. De estos, un 80% son negativos". ¿Puedes imaginarlo? Le damos vuelta una y otra vez a nuestros pensamientos.

¿Y qué pensamos, qué pasa por nuestra mente cuando estamos solos con un diagnóstico médico? Mientras más pensamos en el problema, en la enfermedad, más nos sentimos mal física y emocionalmente, nos sentimos perdidos. ¿Hacia dónde nos conducirá todo esto? Parece que vamos en medio del océano en un barco a la deriva.

Buscamos al médico, al sacerdote, al pastor, al curandero, al adivino, pero todo parece estar peor. Estamos solos, o así nos sentimos. Vemos a nuestro alrededor y todos continúan con sus vidas, pero nosotros estamos atrapados, no sabemos a dónde ir, con quién recurrir.

Nos hemos perdido en el camino. Necesitamos una brújula, este instrumento que nos sirve para orientarnos. Saber a dónde ir, saber qué hacer, saber cómo salir del túnel, dónde nos encontramos para buscar el camino a la libertad.

Honestamente, la persona que está enferma no puede ver más allá que su condición. ¡Alguien debe guiarle en su camino! Pero tú decides hacia dónde ir, porque a pesar de tener la brújula en tus manos, puedes no querer cambiar el rumbo. ¡Tú decides!

Sal de la situación en donde te encuentras, no importa cualquiera que sea, o decide seguir atrapado en lo que te han dicho, en el diagnóstico que te han dado, en lo que dice tu familia, lo que has oído de la gente, de la iglesia a donde asistes, atrapado en lo que tu cuerpo grita. Eres quien decide, pero decide tú, no dejes que nadie más lo haga.

Puedes decidir tomar la mejor opción que puede cambiar tu vida. Solo escucha porque puede cambiar tu manera de pensar y con ello, cambiar tu vida. Es Dios mismo hablándote a ti hoy.

A los cielos y a la tierra llamo por testigos hoy contra vosotros, que os he puesto delante la vida y la muerte, la bendición y la maldición; escoge, pues, la vida, para que vivas tú y tu descendencia.

-Deuteronomio 30:19

Esto quiere decir que la decisión es tuya y que el deseo de Dios es que tú hagas una elección, que escojas vida, que elijas ser bendecido, no solo tú eres beneficiado con esta decisión, también esta promesa de vida alcanzará a tus generaciones.

Toma la brújula en tus manos, y señala una nueva dirección para tu vida, y si no sabes cómo hacerlo, créeme, hoy te digo, hay esperanza. No te quedes atrapado. Solo tú tienes en tus manos la decisión de ser libre. ¡Hoy tú puedes ser libre! Nadie más lo puede hacer por ti. Así que déjame ayudarte. Vamos a encontrar el camino que te llevará a la vida en abundancia y así podrás tener algo que cambiará tu vida, en salud no solo física, sino también emocional. Quizás nunca has hecho una decisión para reconocer a Dios en tu vida, o reconciliarte con él y reconocer lo que su hijo Jesús hizo por cada uno de nosotros para obtener vida, salud, perdón y paz.

Si nunca has hecho una decisión de reconocer a Jesús como tu señor y salvador, reconocer que fue él mismo quien murió en la cruz, cargando toda enfermedad y toda dolencia. Que, en la cruz, fue Jesús quien derramó hasta la última gota de su sangre para que fueras perdonado de todo pecado.

No solo de todo pecado, por sus llagas ahora nosotros somos sanados. No solo eso, el pago, el precio para que pudiéramos vivir en su paz. Vamos a declarar esta sencilla oración en voz alta.

Padre te doy gracias por dar a tu hijo Jesús por mí al morir en la cruz, tu llevaste en la cruz toda enfermedad, todo dolor, no tengo por qué llevarlos, te pido que me perdones por todos mis pecados, y me limpies a través de la sangre derramada en la cruz. Hoy reconozco a Jesús como mi Señor y salvador personal, hoy decido recibirlo en mi corazón, y ser una nueva criatura en Cristo Jesús.

Amén

CAPÍTULO 5

HACIA UNA NUEVA OPORTUNIDAD

Hacia una nueva oportunidad

Haz que valga la pena recordar el día de hoy.
-Zig Ziglar

¿De verdad quieres salir de la condición en la que te encuentras? Te pregunto porque no todos quieren hacer el esfuerzo para cambiar y me gustaría que fueras muy sincero contigo mismo. Quizás para ti, tu situación de enfermedad está dentro de estos ejemplos que a continuación menciono y, sí, por supuesto, se vale, puedes identificarte con alguno de ellos, pero no solo te quedes ahí, una vez que identifiques cuál sea tu caso, reconócelo, y decide ir en busca de una nueva oportunidad.

Tu enfermedad te lleva a ser el centro de atención de tu familia, porque te sientes atendido, y muy dentro de ti no quieres salir de allí.

Tu enfermedad te hace estar "cómodo" porque tienes el control de tus seres queridos.

Te sientes enfermo, pero reprimes lo que realmente te sucede, no quieres que nadie te ayude, ni te vean padeciendo porque siempre has mostrado ser "el fuerte de la familia", tratas de ocultarlo, pero tu cuerpo se está deteriorando cada día más.

Tienes miedo por lo que estás pasando, sientes que serás juzgado, y te encierras, te alejas de la gente que amas, de tu familia, de tus amigos, de tu iglesia, de tu trabajo.

¿Te identificaste con alguna de ellas?

Hay una manera de salir, te has enganchado con alguno de estos pensamientos, y eso te ha llevado a creerlo, lo has hecho tuyo, lo has abrazado por tanto tiempo, que no lo quieres dejar, aunque para ser sanado, para caminar en libertad, necesitas reconocer lo que es la enfermedad y lo que está haciendo en tu vida. No para quedarte ahí, sino para soltar, seguir adelante, y recuperar tu vida.

¿Qué es la enfermedad? (Esa que quizás tú no quieres soltar). Y lo digo con todo respeto, pero muchas ocasiones he escuchado que cuando la gente habla de la enfermedad dice lo siguiente "**Mi** enfermedad es progresiva, **mi** enfermedad es terminal, **mi** enfermedad es una en un millón (como si esto fuera tan honroso), **mi** enfermedad está acabando conmigo".

La lista podría ser muy larga, seguramente ya te estás identificando con esto. Y sí además de lo que le cuentas a cada persona con la que te encuentras y continuamente estás diciendo: **"Mi enfermedad", es tuya, créeme que sí, ya te la pusiste,** y ahora nadie te la puede quitar, porque con tus palabras reafirmas que te pertenece, y a nadie más. ¡Para por un momento de pensar así!

¿Qué es la enfermedad?

La enfermedad es una atadura.

La enfermedad es aflicción.

La enfermedad te debilita y te imposibilita.

La enfermedad es causa de tristeza.

La enfermedad es todo lo anterior y mucho más. Reconoce cuál es la condición de tu corazón en este momento para que puedas salir de ahí. ¡No te sigas engañando!

> *Hay caminos que al hombre le parecen rectos,*
> *pero que acaban por ser caminos de muerte.*
> **-Proverbios 14:12**

Y no pienses que te voy a hablar de religión, te voy a ayudar a conocer un camino que te traerá libertad, y si tú te atreves a caminar en él, traerá salud y restauración a tu vida. ¡Te animo, sé fuerte y sigamos adelante! Quizás tu enfermedad es terminal, y solo te han dado unos días, o meses o quizás algunos años de vida.

Déjame decirte esto: la enfermedad que te han diagnosticado, cualquiera que esta sea, seguramente es causa de aflicción en tu vida, te ha hecho perder tu identidad (sí, porque dejamos de vernos como éramos, con anhelos, con sueños, poco a poco has dejado de ser la persona que eras).

Sé que esto que te han dicho ha revolucionado tu vida y está acabando con ella minuto a minuto. Sin embargo, he visto cómo la enfermedad, en algunas personas, no es una causa de muerte, pero el haber perdido esperanza y con esto el sentido a la vida puede acabar con ellas en vida.

Recuerdo cuando acompañé a mi hermana en el hospital, por varios días no se encontraba muy bien, además tenía mucho miedo, lo podía ver en su rostro, lo podía sentir y esto realmente me era difícil de aceptar, era muy doloroso ver por lo que estaba pasando y me preguntaba qué pasaba por su mente cuando los médicos la visitaban.

Lo viví, por eso puedo entender cuando los doctores te dicen que ya no pueden hacer nada más, uno y otro mueven su cabeza porque no saben qué más decir. Quizás otros, con franqueza, pero diría yo con cierta crueldad, sueltan todo sin pensar que las palabras pueden destruir la vida de la persona en ese mismo momento, ya que pierde toda esperanza para seguir luchando, para seguir adelante, recuperar sus fuerzas y, por qué no, hasta su propia salud.

Escuché decir en una conferencia que el arma más letal la tienes debajo de tu nariz, sí, claro, acertaste, es tu boca.

Con ella produces vida o generas muerte. Ya nos lo dice la *Biblia*:

La muerte y la vida están en poder de la lengua, y el que la ama comerá de sus frutos.
-Proverbios 18:21

Enfrentarse con lo que sucede no es fácil, se requiere valentía para entender lo que realmente estás viviendo. Porque es cierto, nadie puede comprender por lo que pasas, solo aquel que ha atravesado por una situación así, podría identificarse un poco más contigo.

Enfrentarlo nos ayuda a no seguir enganchado con aquellos pensamientos que suelen venir constantemente, tales como, "¿Por qué yo, por qué a mí?" Quedarse atrapado en esos pensamientos no te ayudará a avanzar. Enfrentar te permitirá dejar de sentirte un poco menos vulnerable para poder iniciar este camino a la libertad. Así que vamos a enfrentar la realidad, pero también a estar conscientes de que podemos cambiar el rumbo de esta.

Si tú eres esa persona que quiere salir de la condición de enfermedad en la cual te encuentras, entonces este libro está hecho para ti.

¡Déjame ayudarte!

¡No te des por vencido!

¡Juntos saldremos adelante!

Lo primero que tienes que hacer es tomar una decisión. No importa lo que te han dicho. Decide: "Yo voy a salir adelante". Repítelo otra vez: "Yo voy a salir adelante". Ahora grítalo: "Yo voy a salir adelante". ¿Por qué hacerlo así? Porque la boca necesita expresarlo para que la mente lo sepa, el cuerpo lo escuche, y todo nuestro ser se conecte en la decisión que ha tomado.

YO VOY A SALIR ADELANTE

Ir al médico te costará más caro de lo que te costará ir a buscar a Dios. Y quizás lo pierdas todo. No me mal interpretes no es que no busques la ayuda médica, ellos están puestos ahí para ayudarnos, pero cuando la ciencia médica ha dicho hasta aquí, no podemos hacer nada más. Dios puede cambiar el rumbo de tu vida, podrás salir adelante, podrás ver la luz de esperanza que necesitas, podrás dejar de estar en la condición en la que te encuentras, solo si tú decides en quién quieres confiar.

Te mostraré algo que seguramente cambiará el rumbo de tu vida. Quizás has escuchado muchas historias, pero sigue conmigo esta que creo te impactará.

Una mujer que desde hacía doce años padecía de flujo de sangre, había sufrido mucho de distintos médicos, gastado todo lo que tenía, y nada había aprovechado, antes le iba peor, cuando oyó hablar de Jesús, vino por detrás entre la multitud, y tocó su manto.

Porque decía: Si tocare tan solamente su manto, seré salva.

Y en seguida la fuente de su sangre se secó; y sintió en el cuerpo que estaba sana de aquel azote. Luego Jesús, conociendo en sí mismo el poder que había salido de él, volviéndose a la multitud, dijo:

—¿Quién ha tocado mis vestidos?

—Ves que la multitud te aprieta, y dices: ¿Quién me ha tocado? —Contestaron sus discípulos.

Pero él miraba alrededor para ver quién había hecho eso.

Entonces la mujer, temiendo y temblando, sabiendo lo que en ella había sido hecho, vino y se postró delante de él, y le dijo toda la verdad.

Y él le dijo —Hija, tu fe te ha hecho salva; ve en paz, y queda sana de tu azote.

-Marcos 5:25-34

Esta mujer había perdido todo lo que tenía, yo imagino que ella era de muchos recursos económicos, pero ni con todo el dinero podía encontrar un alivio para su enfermedad. Después de todo se había quedado sola, (la *Biblia* no menciona a una familia acompañándola), pero decidió prestar oído y atención a lo que se decía allá afuera. Seguramente había pasado tiempo escuchando a Jesús, oía de los milagros y la manera en que ayudan a la gente. ¡Tuvo que ser así! No hay forma de tener confianza en una persona si no es conociéndola y ella lo hacía a través de lo que escuchaba.

¿Cómo es que escuchaba de lo que hacía Jesús? Quizás se levantaba como podía de la cama, y se acercaba a alguna vecina que le contara lo que estaba sucediendo.

Sabías que una mujer en esta condición, con un flujo de sangre era considerada "inmunda", no podía acercarse a la gente, ni convivir con ella, porque sería apedreada, ella lo sabía. Imaginemos el cuadro, no solamente lo leas, déjalo que cobre vida en tu mente. Una mujer debilitada por la pérdida de tanta sangre ya llevaba mucho tiempo así, había recurrido a los mejores médicos de su tiempo, y nada podían hacer por ella, al contrario, cada día se sentía peor. Pero sus ganas de salir de esa condición de enfermedad en la que se encontraba la motivaron. Voy a decirlo nuevamente, el deseo de esta mujer de salir de su atadura, en la que se encontraba, cobró ánimo en ella.

No había quien la ayudará, se motivó a sí misma, tenía que hacerlo, estaba sola, debía hacer algo que le costaba mucho en su condición tan débil: sacudir la vergüenza, el desánimo, la incredulidad. Tomó una decisión, se levantó, fue a donde estaba Jesús, no importando lo que pudiera atravesarse en su camino.

Alrededor de ella, muy probablemente había personas que le decían —Mírate cómo estas, tan débil, no vas a poder lograrlo, y quizás en el camino te apedreen, mejor, resígnate, ya lo has hecho por mucho tiempo, para qué te arriesgas, se reirán de ti, sus discípulos no te permitirán tocarlo, no eres tan importante para que él se fije en ti.

No sigas con lo mismo, déjalo, resígnate a morir, no hay nada más qué hacer, has gastado todo, ya no eres importante. Hay una multitud que le sigue, ¿cómo crees que él se fijara en tu condición?

¿Cuántas veces te han dicho a ti algo parecido? ¿Cuántas veces te han dicho que te resignes? ¿Cuántas veces te has sentido avergonzada, luchando contra corriente cuando todo parece gritarte que no hay esperanza?

Esta mujer que yo admiro en la *Biblia* fue valiente, aunque estaba débil y tenía flujo de sangre por doce años. Seguramente estaba desgastada física y emocionalmente, porque cuando atraviesas por una enfermedad esto te desgasta, a tal grado que pierdes la esperanza.

De pronto ella cobró fuerza, esperanza, para ir en su busca, no importando el precio. Tenía que hacerlo. Nadie más lo haría por ella. Jesús había venido, y ella estaba segura de que solo él podía hacerlo. Él podía sanarla. Tenía que dar el paso de **fe.** ¿Qué hizo que ella estuviera decidida a ir a Jesús, teniendo la seguridad de que haría un milagro en su vida?

-Había escuchado de Jesús.

-Tomó la decisión de ir hacia él.

-No importa si él no la veía, ella solo necesitaba tocarlo para recibir su sanidad.

Cuando oyó hablar de Jesús, vino por detrás entre la multitud, y tocó su manto.

Porque decía: Si tocare tan solamente su manto, seré salva.

Y en seguida la fuente de su sangre se secó; y sintió en el cuerpo que estaba sana de aquel azote.
-Mateo 5:27-29

A continuación, te muestro la manera como nosotros podemos recibir las promesas de Dios para nuestra vida, en cualquier situación, pero en especial y de acuerdo con lo que estamos viendo, en el tema de la sanidad.

Hijo mío, presta atención a mis palabras,
inclina tu oído a mis razones; que no se aparten de tus ojos,
guárdalas en medio de tu corazón. Porque son vida para los

que las hallan,
y salud para todo su cuerpo.
-Proverbios 4:20-22

Ella había escuchado de Jesús (inclinó su oído), puso su confianza en lo que él era capaz de hacer (lo buscó), tuvo un acto de fe (solamente tocó el borde de su manto), recibió de parte de Dios lo que ella necesitaba (quedó libre de aquel azote. Fue sanada).

El Señor es muy específico, encontramos en los siguientes versículos la clave para poder recibir la promesa de parte de Dios en cuanto a nuestra sanidad. Tal y como la mujer de flujo de sangre lo hizo, tú lo puedes hacer, no hay excepción entre ella y tú. La sanidad es para todos, no importa tu condición en la que te encuentres. Jesús la sanó de acuerdo con su fe y Jesús te sanará también a ti, de acuerdo con tu fe.

La *Biblia*, esa que tú tienes en casa abierta pero que nunca lees, son semillas que necesitan tierra para crecer, pero no pueden hacerlo si no las plantas. Tal vez tú dices: tengo muchas ocupaciones, trabajo, casa, hijos, escuela, responsabilidades, no tengo tiempo, etc., créeme, vale la pena darle tiempo para sembrar y poder recibir lo que se quiere. No puedes sembrar maíz y esperar una cosecha de uvas. Puedes decirme muchas cosas, pero tú decides, es tu vida.

Permíteme hablarte con un poco más de confianza, si ya has llegado hasta aquí, me tomaré el atrevimiento de decirte que puedes justificarte de muchas maneras, y por supuesto puedes usar algunas frases como estas: "Dios sabe que le amo, pero no tengo tiempo para sentarme y leer la *Biblia*, o darme tiempo para orar".

"Diosito entiende".

"Yo no sé si tú tienes un «Diosito»".

Cuando le decimos así, no es de cariño, los "itos" son usados para los diminutivos. El diminutivo es un término que utilizamos para referirnos a algo que tiene cualidad de disminuir o reducir. Tenemos a un Dios grande que puede sanar tu enfermedad, que puede librarte de la muerte.

Quizás para ti sea una enfermedad temporal, crónica o ya te acostumbraste a vivir así, porque tomas tu medicamento y listo, eso te alivia un poco, pero tienes que tomarla para sentir mejor. Depende de ti y de cómo quieres tomar las cosas, las personas con enfermedades terminales desearían tener un poco más de tiempo para recuperarse, pero muchas veces sus fuerzas se acabaron y aunque quieren no pueden leer, no pueden escribir, porque ya no tienen fuerzas.

Mi deseo es ayudarte en este camino, ya sea que tengas una enfermedad crónica, degenerativa, temporal, o terminal. Si tus fuerzas se están acabando, si ya no tienes ánimo para salir adelante, te diré cómo puedes cobrar ánimo.

¡Vamos levántate hay esperanza para ti!

Te animo, cualquiera que sea tu situación, a que busques al Señor, habla con él y deja que él te hable, busca su palabra (lee la *Biblia*). Empieza por unos minutos, pero todos los días, tú escoges el lugar y la hora. Dios siempre está ahí para escucharte.

Clama a mí y te responderé, y te daré a conocer cosas grandes
y ocultas que tú no sabes.
-Jeremías 33:3

El anhelo de Dios es que tú seas sanado, nos ama tanto que desea que podamos tener salud, así como próspera nuestra alma.

Amado, yo deseo que tú seas prosperado en todas las cosas, y que tengas salud, así como prospera tu alma.
-3 Juan2

Aférrate hoy más que nunca a sus promesas. Él puede y lo hará. Ya lo hizo hace miles de años. Lo dio todo, para que tuvieras vida. Prometió darnos vida y vida en abundancia.

El ladrón no viene sino para hurtar y matar y destruir; yo (Jesús) he venido para que tengan vida, y para que la tengan en abundancia.
-Juan 10:10

Necesito prepararme y escuchar su palabra para poder creerle a Dios. Es una aventura llamada fe. Debo conocer que Dios no puede mentir, lo que él ha dicho lo hará; él lo habló y lo ejecutará, pero depende de mí si le creo o no. No de mi familia, no de mi esposo (a), no depende de nadie. Yo decido creer o decido no hacerlo. Decido confiar o decido no confiar. Dios nos creó con la capacidad para poder decidir, Dios respetará nuestra decisión y nos seguirá amando, eso no cambiará jamás.

Dios no es hombre, para que mienta, ni hijo de hombre, para que se arrepienta. ¿Lo ha dicho Él, y no lo hará? ¿Ha hablado, y no lo cumplirá?

-Números 23:19

Lo cumplirá, pero él no puede tomar control de tus decisiones, tú decides, no dejes que nadie más tome el control de tus decisiones. ¡Es tu vida y tú decides!

CAPÍTULO 6

CAMINO A LA LIBERTAD

Camino a la libertad

Confesaos vuestras ofensas unos a otros, y orad unos por otros, para que seáis sanados.

-Santiago 5:16

Una de las cosas que principalmente afecta nuestra salud es la falta de perdón, la mayoría de nosotros vamos guardando en nuestro corazón las ofensas recibidas, aquellas que te hicieron. Así que, si tú no perdonas la ofensa, vivirás anclado a tus recuerdos, vivirás enganchado a la persona a la cual no puedes perdonar.

Y mientras más piensas en ello, más avivas el sentimiento, el recuerdo de lo que sucedió, y nadie más que tú sigues siendo el más afectado (a), pues cada vez que lo haces te llenas de enojo, de resentimiento, de odio, de amargura, pero también la falta de perdón te está enfermando cada día más. Muchas personas no ven mejoría en su salud, porque ellos mismos no permiten que la química de su cuerpo cambie.

Cuando tú decides perdonar aceptas lo que "pasó" pero decides liberarte de toda amargura, resentimiento, odio, coraje, porque estos destruyen tu alma (tus pensamientos) que enferman tu cuerpo, y terminan por destruir tu vida.

Necesitamos dar un paso para soltar aquellas cosas, que nos han atado a esa persona o personas que nos han lastimado. Hay muchas definiciones acerca del perdón, y estoy segura de que tú las has escuchado. Déjame darte esta definición.

¿Qué es el perdón?

Soltar la falta que ha cometido otra persona contra mí.

Perdón es: una decisión.

Perdón es: una expresión de amor.

El perdón y la sanidad van de la mano. Perdón es pasar por alto la ofensa.

La discreción del hombre le hace lento para la ira,
Y su gloria es pasar por alto una ofensa.
- Proverbios 19:11

¿Por qué debo perdonar?

Y cuando estén orando, si tienen algo contra alguien, per-
dónenlo, para que también su Padre que está en el cielo les
perdone a ustedes sus pecados.
-Marcos 11:25

Dios nos habla acerca de lo importante que es perdonar. **Perdonar es soltar.**

El no perdonar nos hace vivir enganchados a aquel a quien no disculpamos, estaremos atados, atrapados. Es nuestra decisión soltar, dejar ir y pasar por alto a aquel que me ofendió.

¿Sabías que no perdonar nos mantiene atados para no recibir sanidad? Así que no podemos seguir viviendo con falta de perdón y querer recibir sanidad. Dios nos ama y quiere que seamos sanos, pero somos nosotros quienes tomamos la decisión de vivir atados. Él nos sigue amando, su amor no cambia, solo que el Señor espera que hagamos nuestra parte para ser **libres.**

—Para ser libre tengo que perdonar.

—¿A quién tienes que perdonar?

¿A tus padres? ¿A tus hermanos, esposo (a), hijos, vecino, compadre, maestro, amigo, pastor, personas de tu iglesia, alguien que ya no está? ¿Aquella persona que te lastimó, te defraudó, te ofendió? Acertaste, tenemos que perdonar a todo aquel que nos ha lastimado. Y puedes justificar tantas y tantas cosas por las cuales no puedes perdonar, pero eres tú quien está sufriendo, eres tú quien está pasando por esta condición de enfermedad, de dolor, de muerte.

El perdón no cambia tu pasado, pero sí cambia tu futuro. El perdón es una expresión de amor. Dios es amor, y su amor es derramado en tu vida, en tu corazón, si tú se lo permites. Si tú no hiciste la oración para permitir que Jesús esté en tu corazón porque esto es una decisión, hazlo ahora.

¡Declara con tu boca!

Porque con el corazón se cree para justicia, pero con la boca se confiesa para salvación.
-Romanos 10:10

Quizás en este momento no entiendas lo que pasó, pero habrá una nueva naturaleza en ti, que te ayudará para que tú puedas conocer el amor de Dios y así poder recibirlo. Pero recuerda, todo esto es una **decisión.** El amor de Dios te ayudará a ser libre, porque será derramado sobre ti si permites que lo haga.

Ahora solo depende de ti desarrollarlo para vivir en un estilo de vida diferente. ¡No permitas que nadie, o la dureza de tu corazón siga robándote la vida! Jesús nos advirtió quién es el que roba, mata y destruye, y ese no es Dios, Él nos regaló el que podamos vivir una vida plena y abundante pagando el precio para que nosotros disfrutemos de ese regalo.

*El propósito del ladrón es robar y matar y destruir; mi propó-
sito es darles una vida plena y abundante.*
-Juan 10:10

Si tú has decidido perdonar, él también te perdonará. La
ira, el enojo, el resentimiento, las blasfemias, las malas
palabras, las maldiciones lanzadas a aquellos que te han
hecho mal, los malos deseos hacia aquel o aquella persona
que te ha lastimado, y todo lo que puedas imaginar. ¡Él te
perdona! La decisión es tuya.

*Si confesamos nuestros pecados, él es fiel y justo para
perdonar nuestros pecados, y limpiarnos de toda maldad.*
-Juan 1:9-10

¡Es tu oportunidad, es tu momento! Y mientras lees este
libro, estoy segura de que la revelación y el perdón vienen
a tu vida para que seas libre de toda enfermedad emocional, de toda enfermedad física. No te sigas condenando,
culpando por lo que hiciste, por lo que no hiciste, por el
tiempo que perdiste.

¡Olvídalo ya! ¡Sigue adelante!

¿Sabías que uno de los estorbos mayores para no recibir
sanidad eres tú mismo?

¡Tremendo! ¿No crees?

Esto es algo que he visto a lo largo de varios años, y es uno
de los estorbos principales que **no** nos permiten recibir

sanidad, y poder vivir una vida plena. Lo que te voy a enseñar a continuación, estoy segura de que abrirá el camino a tu libertad emocional y física. Así que prepara tu corazón, sé sincero(a) contigo, no te sigas engañando.

A lo largo de algún tiempo me he estado cuestionando, por qué resulta tan difícil enfrentarnos con nosotros mismos, y una de las cosas que encuentro es que el reconocer nuestros errores nos lleva a pensar que reconocerlos, y exponerlos nos hace vulnerables a los demás. Por lo menos esto me pasaba a mí.

Reconocer que me equivoqué, asumir mi falta de perdón, primeramente, hacia mí y luego a los demás, me hacía sentir evidenciada, señalada, criticada, aún pensaba que perdería credibilidad, respeto, que ya no me verían igual. Pero lo que en realidad estaba perdiendo era mi propia vida, mi salud emocional, mi salud física.

Mi salud emocional, porque yo misma sufría el tormento de la culpa, y con ello la tristeza y el enojo en mi vida por la falta de perdón a mí misma por los errores pasados. Esto me llevaba a la falta de perdón a otros, sentía que me habían lastimado profundamente. Claro, porque las heridas que sentimos duelen mucho, pero si nos quedamos ahí lo único que hacemos es atentar sobre nuestra propia vida. Aprendí que nada vale la pena si empiezas a perder tu sanidad, tus sueños, tus anhelos.

Y, ¿sabes? **Solo hay una vida para vivirla.**

Te invito a que reflexiones mientras lees, porque estoy segura de que sigues removiendo muchas cosas a enfrentarte, a lo que has estado viviendo, la tristeza, la soledad, el desprecio, el abandono, porque de alguna manera nosotros nos permitimos llegar hasta donde hemos llegado.

¡Vamos, reconócelo! **Sí,** es difícil de enfrentar, pero una vez que lo haces con esa conciencia de reconocer que el impedimento mayor para recibir lo que necesito **soy yo,** es entonces cuando podrás iniciar ese camino hacia la sanidad emocional y física, con nuevas expectativas, con propósito, con alegría, que te permitirá disfrutar de la vida.

Tú eres valiente, continúa el proceso hasta terminar, no te quedes ahí por más tiempo, no te detengas. Vamos a enfrentar lo que nos corresponde, no con el fin de condenarnos, culparnos o permitir que alguien más lo haga. Toma por un momento las riendas, la responsabilidad de tu propia vida, de tus decisiones.

¡Sé libre!

No pongas culpas sobre otros haciéndolos responsables de lo que te sucede. ¡No lo hagas! ¡Tú eres responsable de lo que te sucede! ¡No cierres el libro, no te enojes, sé valiente! ¡Déjame ayudarte! Té preguntarás, ¿qué debo hacer para recibir sanidad?

Mi sanidad física y emocional inicia cuando me perdono, cuando dejo de juzgarme tan duramente, cuando dejo de recordarme una y otra vez que soy culpable de lo que me pasa, de lo que he permitido. Entender que es muy difícil perdonar a otros, cuando yo misma no puedo perdonarme. No tiene sentido querer hacer algo hacia otros que no soy capaz de hacer por mí. El no perdonarte te mantiene atado a una vida de tristeza, amargura, resentimiento, odio que no te ayudará a disfrutar de la vida, simplemente porque no te lo permites.

¿Por qué te sigues culpando? Porque no pudiste ayudar a tus padres, y no pudiste cuidarlos. Te sigues culpando, como yo lo hice por algún tiempo, por no haber tenido más carácter, más fuerza, más entendimiento, más conocimiento para ayudar a mi hermana, déjame confesarte que esto me mantenía atada a la culpa, atada al remordimiento. Recordando una y otra vez, lo que pude haber hecho y no hice, estos eran mis pensamientos, y los repasaba una y otra vez.

¿Te ha pasado alguna vez esto? Un pensamiento te lleva a otro y a otro, hasta que vas construyendo una historia, tu propia historia. Por supuesto que estaba entrando en un terreno muy peligroso. No solo se dañaba mi salud emocional sino física a causa de la tristeza y de la falta de perdón a mí misma. Pero cuando pude entender que era necesario perdonarme y por otra parte poder entender que cada uno de nosotros tomamos nuestras propias decisiones, y que no somos responsables de las decisiones de otros, que en mis manos no estaba hacer con mi hermana algo que a mí no me correspondía hacer, entonces comprendí que solo podía ir a Dios para pedirle consuelo, pedirle perdón, con la confianza de que solo él podía ayudarme.

Dios siempre está ahí para ayudarnos, no se separa de nosotros, si lloramos, Él llora junto con nosotros al ver nuestra condición, no fuimos diseñados para vivir con tristeza y dolor en nuestras vidas, porque esto acabará tarde o temprano con ella. Caminar cada día sin perdonar la ofensa, nos impide recibir nuestra sanidad.

Qué difícil es cuando no te perdonas, porque te condenas a ti mismo, te culpas y te encierras ahí. Me gustaría mostrarte por lo menos tres cosas que suceden, cuando decides **no** perdonar a ti mismo (a) y a los demás.

Te enfermas físicamente.

Envejeces prematuramente.

Mueres antes de tiempo.

Dichoso aquel
a quien se le perdonan sus transgresiones,
a quien se le borran sus pecados.

Dichoso aquel
a quien el Señor no toma en cuenta su maldad
y en cuyo espíritu no hay engaño.

Mientras guardé silencio,
mis huesos se fueron consumiendo
por mi gemir de todo el día.

-Salmos 32:1-3

Muchas veces vivimos atados a aquellas personas a las que no perdonamos, puedes estar a kilómetros de distancia físicamente, y seguir con sentimientos hacia esa persona, de coraje, odio, resentimiento por lo que te hizo hace varios años, quizás décadas, y tu sigues recordando cada día lo que te hizo, y esos sentimientos se despiertan cada vez que traes a tus pensamientos lo que sucedió.

¿Qué hay de ti?

Que vives contigo cada día, cargando con la culpa, con el resentimiento, con el enojo, con la falta de perdón, y cada vez que lo recuerdas haces más latente tus emociones y se desbordan tus sentimientos.

¡Él ya te ha perdonado! ¿Por qué no te perdonas tu? ¡Sal de ahí!

Escuchando a un hombre de Dios, que enseñaba acerca de nuestro libre albedrío, entendí que no era mi decisión si mi amada Verito iba a la presencia de Dios o no, en parte ella lo pidió y el Señor la recibió en su presencia. Y no dependía de mí, porque el Señor es nuestro sanador. Entonces decidí dejar de culparme por algo que no me correspondía a mí llevar. Dios me hizo saber por medio de una persona a quien respeto como su siervo, que no me culpara nunca más de lo que había sucedido.

Y fue en ese momento que, con lágrimas en mis ojos, fui libre de todo peso, de todo pensamiento que me había atormentado por varios años. Dios es capaz de liberarnos de todas aquellas cosas que cargamos, pero muchas veces nosotros nos empeñamos en seguirlas cargando. Si se lo permites él te hará libre. Entendí que de lo que soy responsable es de ayudar a otros y pelear por los que ya no tienen más fuerzas para luchar, pero no soy yo quien sana.

¡Dios es el que sana!

Cristo es el que murió en la cruz, para que el día de hoy fuéramos libres. He estudiado por varios años acerca del tema de la sanidad, sobre todo por la condición física por la que estaba atravesando y aprendí que la sanidad viene de adentro hacia afuera, y no de afuera hacia adentro.

Muchas veces acudimos a personas para que oren por nosotros para recibir sanidad, lo cual estoy totalmente de acuerdo que es una herramienta para ayudar en el proceso, pero esto no es todo. Escuché muchas veces a mi esposo decir, y debo admitir que esto me molestaba, que era mejor recibir la sanidad poco a poco, que aceptarlo en un milagro instantáneo. Bueno, la verdad es que esto me parecía un poco injusto, cuando tú te sientes en una condición de enfermedad, lo que quieres es ser sano, en el momento en que oran por ti.

Esto es válido y el Señor lo hace como él quiere. Pero la idea de recibirlo paulatinamente es que cuando estudias la palabra una y otra vez, nuestra fe crece, y crece y estamos listos para recibir, porque le creemos a Dios. El día de hoy comprendo que esto es lo mejor, porque sabemos cómo defender lo que Dios nos ha dado, el regalo de vivir en salud divina todos los días de nuestras vidas.

Si estas enfermo emocionalmente, te enfermarás físicamente. Por ello es que la sanidad inicia de adentro hacia afuera, donde empieza ese camino a la libertad, donde decides perdonar, de otra manera la falta de perdón, el resentimiento, la amargura, el odio, la envidia, te carcomen por dentro. Es donde Dios a través de su palabra, nos enseña que debemos dejar todo lo anterior para poder ser libre. El Señor es fiel, es justo para perdonarte, y limpiarte de toda maldad. Así que recibe su perdón, y deja que cambie el rumbo de tu vida.

CAPÍTULO 7

UNA AVENTURA LLAMADA FE

Una aventura llamada fe

La fe no es una opción, es requerida para obtener los milagros.
-Keith Moore

La convicción acerca de mi sanidad viene cuando conozco cuál es el corazón de Dios, él es un padre sensible y atento a lo que nos sucede, cuando decido conocerle a través de una relación íntima, la cual no se da cada domingo cuando asisto a la iglesia, ni se da cuando escucho un gran número de mensajes que me motivan por un momento y luego se desvanecen. Conocer el corazón de Dios trae convicción de lo que puede hacer en mi vida, me da seguridad, protección, consuelo. Conocerle a él cambió mi vida. Parece muy complicado, o quizás te parezca inalcanzable, pero es más sencillo de lo que puedes imaginar.

¿De qué manera le conocemos? De la misma manera que con una persona con la cual queremos tener amistad, o pretendemos tener una relación.

Dedicando tiempo.

Hablando con ella.

Conociendo cuál es su manera de pensar.

Conociendo su manera de actuar.

Eso mismo es lo que hacemos con Dios, necesitamos conocerle para que nuestra confianza crezca en él. Necesitamos saber cuáles son los pensamientos que tiene acerca de nosotros. Te aseguro que son pensamientos de bien y no de mal.

Porque yo sé los planes que tengo para vosotros» —declara el Señor— «planes de bienestar y no de calamidad, para daros un futuro y una esperanza.
-Jeremías 29:11

Desconocer lo que Dios puede hacer por mí, me tiene en desventaja, porque no podré saber cuál es su perfecta voluntad para mi vida. No saber cuál es el corazón de Dios e ignorar lo que él es capaz de hacer por mí, me lleva a pensar que la condición por la que estoy pasando no importa cuál sea, nada sucederá, y esto se debe a que no hay una base que pueda sustentar mi confianza en él.

Pero si nos atrevemos a confiar en su cuidado en nuestras vidas, y creemos lo que él es capaz de hacer, entonces eso sucederá. Si le buscas le hallarás. Esta frase la leí en un libro llamado *Cristo el Sanador* de F. F. Bosworth

"La fe comienza donde la voluntad de Dios es conocida. Todas las promesas de Dios se reciben por fe".

Nuestra fe crece cuando la nutrimos escuchando una y otra vez aquello que queremos que suceda. Esto es a lo que yo llamo una aventura llamada fe, porque la fe es caminar teniendo la certeza de que aquello que espero, se vuelve una convicción en mi vida para hacerse realidad.

Es, pues, la fe la certeza de lo que se espera, la convicción de lo que no se ve.
-Hebreos 11:1

Es una aventura junto a Dios, cada cosa que yo necesito él está dispuesto a dármela. Pero soy yo quien decido caminar o no junto a él, es entonces que mi fe deberá estar basada en la persona de Jesús, confiando en él sin importar las circunstancias a mi alrededor.

Siempre habrá cosas que cuestionar, pero debemos mantenernos firmes ante cualquier diagnóstico que quiera gritar que ya no hay esperanza. Podemos pelear donde parece que ya no hay esperanza, donde ya no hay fuerzas para seguir adelante. Así que entre más pasamos tiempo conociendo a Dios, y no de Dios, porque conocer de Dios esto te lo da cualquier religión, y yo sinceramente no pretendo hablar de ello. Pero esta aventura de conocerlo te permitirá muy probablemente, cambiar el rumbo de tu vida. Dale la oportunidad es algo que lleva tiempo, y requiere tener fe.

La única manera de avanzar hacia tu sanidad es caminar en fe. Si te quedas quieto, paralizado por el miedo puedes morir. Sigue avanzando, todo se sigue moviendo a tu alrededor. Si retrocedes, pierdes y retroceder es no creer lo que Dios puede hacer por ti.

Necesitamos FE

Necesitamos CREER.

Y yo sinceramente no he encontrado otra manera de obtener fe, que escuchar una y otra vez las promesas de Dios para mi vida. Te muestro algo muy sencillo, pero a la vez de mucha enseñanza.

Así que la fe viene del oír, y el oír, por la palabra de Cristo.
-Romanos 10:17

La fe es lo que me empuja cuando me siento en un camino de desesperación, de angustia, desolación. La fe es lo que me empuja a través del miedo a la desesperanza. La fe viene cuando yo decido creer que Dios puede hacer lo que él ha prometido, y cómo encuentro lo que me ha prometido, definitivamente en su palabra. Creer es una elección, es decir, solo tú puedes elegir hacerlo o no.

Cuando se pasa por una situación donde parece que ya no hay tiempo, necesitamos que suceda un milagro. ¡Se requiere fe para obtenerlo!

> *Ciertamente Él llevó nuestras enfermedades*
> *y cargó con nuestros dolores.*
> *Con todo, nosotros lo tuvimos por azotado,*
> *por herido de Dios y afligido.*
> *Pero Él fue herido por nuestras transgresiones,*
> *molido por nuestras iniquidades.*
> *El castigo, por nuestra paz, cayó sobre Él,*
> *y por sus heridas hemos sido sanados.*
> **-Isaías 53:4-5**

Este pasaje nos muestra que, desde hace más de 2000 años, Jesús ya hizo esto por nosotros. No lo veas solamente a Jesús sufriendo en la cruz. No, él lo hizo por nosotros y para nosotros, y ya nos dio ese regalo, que es vivir cada día de nuestra vida en sanidad.

Solo tienes que creerlo, el primer paso para obtener un milagro es escuchar a dios.

Necesitamos de Dios, no podemos asumir que lo sabemos todo, necesitamos aprender de él, porque solo escuchándolo, nuestra fe y confianza crecerá en él. La fe no es independencia, la fe es dependencia total en él.

Nuestra fe mueve a Dios

Te voy a decir que mientras pasaba por la enfermedad que paralizaba toda mi vida, porque mis piernas me dolían de tal manera que no podía estar ni sentada, ni parada, ni de ninguna manera, dependí de Dios con todas mis fuerzas, alimentando todo mi ser de su palabra, hasta confiar que él era capaz de hacerlo, que ya lo había hecho por mí, que me lo había prometido, pero que era mi elección tomarlo.

Fue difícil, sí; luché, lloré, mis pensamientos me atormentaban, hasta que decidí creer, y es por eso por lo que te digo con toda certeza, que es verdad. Que es real. ¡La fe dentro de mi debe estar viva! ¡Yo la mantengo viva, la mantengo fuerte cuando me conecto con Dios cada día, cuando dependo de Él y no de mis fuerzas en todo momento, en todo tiempo, en toda circunstancia!

La fe habla y actúa.

lo que viene después es la manifestación del poder de Dios.

Dale la oportunidad a Dios en tu vida, porque él no hará nada que no le permitas. Si le crees, es porque tienes la convicción en tu corazón de lo que sucederá, porque él te lo ha dicho. Si decides creer, no sigas cometiendo el error que muchas personas incurren: hablar lo contrario a lo que Dios ha prometido, y por lo tanto no reciben su sanidad, ni su milagro.

No sigas hablando de la enfermedad, ya no te pertenece, Jesús en la cruz hizo que esto fuera posible cuando dice: "Por sus llagas hemos sido curados". El engañador, el cual su nombre es satanás, es el ladrón. Te engañará de una manera tan sutil, que creerás a lo que diga.

¿Cómo te engaña, o cómo te ha engañado?

Crees que te hablará audiblemente, no es así, lo hace sutilmente por medio de otras personas, a través de tus pensamientos, que una y otra vez vienen a nuestra mente, hasta descontrolar nuestro cuerpo. Él ha venido para matar, robar y destruir tu vida. Tienes una *Biblia*, lo puedes leer.

El ladrón solo viene para robar, matar y destruir. Yo he venido para que tengan vida, y para que la tengan en abundancia.

-Juan 10:10

No vuelvas a decir: "Mi enfermedad, mi diagnóstico, mi dolor". Qué error cometemos al decir esto una y otra vez, si somos sinceros, muchas veces buscamos con esto la compasión o la lastima de muchas personas. Te pregunto, ¿qué has ganado con ello? ¡Nada! Pero mientras más lo dices, más te enganchas y esto te está destruyendo.

Porque mientras lo tienes como tuyo, lo abrazas como algo que te pertenece.

Dios no puede hacer nada, mientras no decidas soltarlo.

¡Suéltalo!

Estas acabando con tu vida...

Hay poder en todo lo que hablas, y lo que hablas es producto de lo que crees. Muerte y vida están en poder de la lengua, y los que la aman comerán su fruto.

-Proverbios 18: 21

Es tan fuerte lo que decimos, que nuestras palabras producen vida o producen muerte.

Es muy importante poner atención a lo que hablamos.

Si hablas la palabra continuamente (las promesas de Dios) la fe vendrá más rápido. La fe tiene que ser hablada para ser escuchada. La fe se activa con tu voz. Si hablas la palabra, la fe vendrá. Si hablas las palabras de duda, e incredulidad, tu derrota será... Hablar del problema debilita tu fe, cada vez que lo haces, la debilitas más y más.

La fe dentro de mi tiene que ser más grande que la crisis, tiene que ser más grande que cualquier situación, de cualquier enfermedad. Muchas cosas alrededor de mí pueden ayudar, los médicos están ahí para ayudarnos, pero Dios, si tú se lo permites, puede ir más allá de cualquier circunstancia.

Te animo a que renueves tu mente con la palabra.

Si conoces la palabra serás verdaderamente libre.

Cambia tu manera de pensar y cambiarás tu manera de hablar. Cambia tu manera de pensar y cambiarás tu manera de actuar.

Recuerda: mi fe hará que Dios actúe.

Fe es una completa dependencia de Dios en mi vida.

CAPÍTULO 8

¡DEPENDE DE MÍ!

¡Depende de mí!

¡Qué bueno que llegaste hasta aquí junto conmigo! No podemos seguir pensando las mismas cosas que nos han atrapado por días, por meses, o quizás por años en nuestra vida. (Enfermedad, dolor, tristeza, ansiedad, desesperación.)

Lucho junto a ti en lo que tú aprendes a creer. Esta ha sido desde un principio la intención al escribir este libro.

Déjame confesarte que no ha sido fácil la lucha que tuve al escribir el libro sin volver a revivir sentimientos y emociones, las cuales saltaban en mí mientras escribía. Reconocer que me costaba mucho trabajo enfrentarme con la idea de que, por desconocimiento, egoísmo y también por la falta de perdón, experimenté en mi propio cuerpo dolor, desesperación, desilusión y podría seguir con la lista: Pero lo más reconfortante ha sido enfrentarlo para después soltarlo, dejarlo ir y decidir no cargar más con aquellas cosas innecesarias, que muchas veces, sin querer darnos cuenta van destruyendo nuestra vida.

Entendí que no dependía de nadie más, por mucho que buscara a quién hacer responsable de lo que me sucedía, abrí mi corazón y descubrí que yo era responsable de mis pensamientos, sentimientos, emociones, y que debería tomar una decisión que me llevara a ser libre para ser feliz, porque la felicidad no depende de nadie más que de mí.

Con lo que pasó con mi hermana y debo decir, mi mejor amiga Verito, aprendí que yo no era responsable de lo que le sucedió. Eso me sacudió, y después de un tiempo de duelo, de confrontación, de perdón a mí misma, y de restauración por parte de Dios, decidí seguir adelante.

Tenía que ser yo quien tomara una decisión, entendí que no podía quedarme en donde estaba, que Dios me había dado una oportunidad para seguir adelante. Me había sanado, no solamente física, también emocionalmente.

Déjame mostrarte algo que aprendí en este proceso, sé que Dios me ama, que nunca ha escatimado nada para demostrarme su amor. También reconozco que lo amo profundamente, pero ahora comprendo que no dependía de él para que yo pudiera salir de donde me encontraba (enferma). Era mi decisión creer que él podría ayudarme a salir de la condición en la que me encontraba. ¡Porque tú tienes la decisión, de creerle o no creerle! Así que decidí creer a cada una de las cosas, que él me había prometido.

Le permití estar en mi vida y en cada aliento que respiro, confiando en que él va conmigo en cada paso que doy, ayudándome a salir adelante.

En este camino aprendí que muchas veces no se puede avanzar porque las fuerzas y la esperanza se han agotado, y cada día que pasa también la fe se va debilitando. Tuve que renovar mi mente para poder creerle a Dios y hacer que mi fe creciera. Las voces de dolor y enfermedad gritaban que los pensamientos que tenía y con los cuales luchaba segundo a segundo, minuto a minuto eran aterradores y también muy desgastantes. (Quizás tú te identificas con lo que estoy diciendo.) El miedo que sentí ante la impotencia de verme en condiciones en las cuales dependí de otros, tuve que vencerlos sí, porque nuestros obstáculos son nuestros propios miedos.

Tuve que derribar a través del conocimiento de la palabra de Dios, todo argumento que se levantaba en mi contra, que gritaba que no iba a salir adelante, y que nunca más volvería a mi vida de antes, activa, dinámica, emprendedora.

¡Necesitaba creer! Necesitaba alinear mis pensamientos con los de Dios y así poder hacer mía cada promesa que él ya me había otorgado. Necesitaba creer y reconocer que Dios había hecho mi cuerpo perfecto, tenía que renovar mis pensamientos para creer que mi cuerpo era capaz de recuperarse a sí mismo.

Muchos estudios hoy en día han llegado a comprobar cómo esto es posible. La conexión que el cuerpo tiene con la mente, para ser restaurado, para ser sanado.

Algo que también aprendí, que no depende de Dios, que yo le crea o no, ¡depende de mí! La respuesta a mis preguntas, la manifestación de mi sanidad vino cuando decidí creerle a Dios, porque lo que ha dicho él lo cumplirá. Entonces me levanté no importando lo que sentía, no importando lo que veía. Solo me importaba lo que Dios había dicho.

Escribir me ayudó a sanar muchas cosas emocionalmente que estaban ahí escondidas, pero lo más importante, al escribir este libro, y esto fue lo que Dios me inspiró, es el poder ayudarte, ¡claro que si tú quieres!

Si estás pasando por una enfermedad, quizás un simple resfriado, ansiedad, depresión, algún tipo de trastorno, alguna enfermedad crónica incurable, por una pérdida cualquiera que esta sea tu condición, este libro ha sido para ti. Necesitas ayuda para avanzar en este proceso.

Hay esperanza para ti, depende de ti.

Depende de ti que le permitas a Dios mostrarte su bondad, su fidelidad, su corazón, el corazón de un padre que está a tu lado para sanarte, no importa por lo que estás pasando, no importa el diagnóstico, no importa la condición. No depende de Dios, no depende de mi familia, no depende de nadie más, depende de mí.

Te estarás peguntando, ¿por qué depende de mí? Depende de mí buscarle cada día. Sí, cada día, porque al pasar tiempo con él, me ayuda a conocer sus planes para mi vida.

Mirar y prestar atención a la enfermedad trae la muerte. ¡Mirar y prestar atención a la Palabra de Dios trae vida! En algunos casos, aquello a lo que le prestas atención puede significar la diferencia entre la vida y la muerte.

-Gloria Copeland

Se requiere ser valiente cada día para tomar los retos y así tomar decisiones en este proceso que nadie más puede, ni podrá hacerlo por ti. Esto es lo que me lleva a escribir para poder enseñar y animarte a ti, mi querido lector, que estás dispuesto a escuchar, a soltar todas aquellas cosas innecesarias que no te están ayudando para nada, que estás dispuesto a darte el tiempo para conocer una palabra de vida, que te aseguro, "cambiará tu vida". Para ti va dirigido este libro.

Así que te animo a que pienses en esto: eres tú, en este momento valioso de tu vida quien necesita dejarlo todo, todo aquello que te distrae. Créeme lo que te digo, cuando algo está pasando en tu vida, te detienes, obligatoriamente, pero te detienes. Es tú vida la que quizás se está debatiendo entre la vida y la muerte.

No sigas culpando a nadie más porque lo que estas pasando. ¡Suéltalo! ¡Atrévete hoy a escuchar, a tomar tiempo para ti, y sigue adelante, no te detengas!

En un momento de mi vida, tuve que entender que Dios me estaba dando a elegir la vida, me estaba mostrando que podía confiar en él, y solo en él, que me había dado una nueva oportunidad para seguir adelante. Ahora era mi decisión el tomarme de su mano, callar esas voces de quien fueran y acercarme a él, inclinar mi oído para escucharle y así lo hice. Cuando logré entender que soy yo quien elijo, y que no estoy sola, que aun a pesar de los errores del pasado, él podía perdonarme, realmente lo tomé en serio, le creí, ahora puedo sentirme perdonada, como aquel padre que perdona a su hija, a su hijo incondicionalmente.

Pude experimentar ser sanada, ver un milagro en mi vida. Tú también puedes ver un milagro. Si le crees, si te tomas de su mano y caminas junto a él, podrás ver el milagro que necesitas. Así que, ya que me había dado este regalo, el recobrar mi salud, mis fuerzas, el volver a tener planes, sueños, propósitos, le pedí que me usara para poder ayudar, y de alguna manera llevar una palabra de esperanza a aquel que lo necesita. Este es el motivo de este libro, porque yo sé que muchas veces las fuerzas y la esperanza se acaban.

Pero aquí estamos, mano a mano, peleando por los que ya no pueden pelear. Lucho junto a ti en lo que tú aprendes a creer.

¡No estás solo!

Mi querido lector, ya que has concluido con la lectura del libro, tal vez te estas preguntando, y después de esto, ¿qué sigue?

Necesitas ayuda, como lo comenté, vamos mano a mano, en lo que aprendes a creer, en lo que confías en Dios.

Porque no soy yo, es lo que Dios ha hecho en mí, que me motiva para ayudar a otros.

Así que, si tu necesitas ser guiado, tenemos clase en línea de manera gratuita, que te ayudará en ese camino que has recorrido.

BIBLIOGRAFÍA

ARS MEDICA Revista de Ciencias Médicas: Obtenido de El trabajo del duelo.

https://www.arsmedica.cl/index.php/MED/about/submissions#authorGuidelines

UNIVERSIDAD COMPLUTENSE DE MADRID Carmen Ochoa: "El 80 % de nuestros pensamientos involuntarios son negativos"

Obtenido de https://www.ucm.es/noticias/32980

Biblia Reina Valera 1960

obtenido de https:// www.youversion.com/

Nueva Versión Internacional (NVI) obtenido de https:// www.youversion.com/

Nueva Biblia de las Américas (NBLA) obtenido de. https:// www.youversion.com/

Nueva Traducción Viviente (NTV) obtenido de https:// www.youversion.com/

BIOGRAFÍA

Lilly Caire es conferencista psicopedagoga de profesión, pastora, esposa y madre. Se ha dedicado a trabajar en áreas educativas y emocionales con niños, jóvenes y adultos.

También imparte pláticas a mujeres en lo que refiere a recuperar el valor que estas tienen en la familia y en la sociedad.

DATOS DE CONTACTO:

Facebook: Lilly Caire

Instagram: @cairelilly

Correo Electrónico: lillycaire.autora@gmail.com

Made in the USA
Middletown, DE
30 October 2024

62984451R00054